📖 주제
- 나 - 자존감 - 자아 - 자기애

📖 활용 학년 및 교과 연계

초등과정	2-1 통합교과	봄 2 > 1. 알쏭달쏭 나
	2-1 국어	8. 마음을 짐작해요
	3학년 도덕	1. 나와 너, 우리 함께
		2. 인내하며 최선을 다하는 생활
		우리가 만드는 도덕 수업 1. 서로 돕는 우리, 함께 자라는 꿈
	4-2 사회	3. 사회 변화와 문화의 다양성
		4. 가족의 형태와 역할 변화
	5-1 국어	10. 주인공이 되어
	6-2 국어	1. 작품 속 인물과 나
	6학년 도덕	1. 내 삶의 주인은 바로 나

나를 바꾸는 이상한 가게

초등 첫 인문철학왕
나를 바꾸는 이상한 가게
1판 2쇄 발행 2024년 1월 12일

글쓴이 노지영 | **그린이** 보나C | **해설** 박연숙
기획편집 이정희 | **편집** 최정미 박주원
디자인 문지현 김수인 | **생각 실험 디자인** 이유리

펴낸이 이경민 | **펴낸곳** ㈜동아엠앤비
출판등록 2014년 3월 28일(제25100-2014-000025호)
주소 (03972) 서울특별시 마포구 월드컵북로22길 21, 2층
전화 (편집) 02-392-6901 (마케팅) 02-392-6900 | **팩스** 02-392-6902
홈페이지 www.moongchibooks.com | **전자우편** damnb0401@naver.com | SNS 📘 📷 blog

ISBN 979-11-6363-589-5(74100)

※ 잘못된 책은 구입한 곳에서 바꿔 드립니다.
※ 이 책에 실린 사진은 셔터스톡, 위키피디아, 게티이미지뱅크(코리아)에서 제공받았습니다. 그 밖의 제공처는 별도 표기했습니다.

도서출판 뭉치는 ㈜동아엠앤비의 어린이 출판 브랜드로, 아이들의 지식을 단단하게 만들어 주고,
아이들의 창의력과 사고력을 키워 주어 우리 자녀들이 융합형 사고뭉치와 창의뭉치로
성장할 수 있도록 좋은 책을 만들겠습니다.

글쓴이 **노지영** 그린이 **보나C**
해설 **한국 철학교육연구원 박연숙**

한국
철학교육
학회
추천도서

나를 바꾸는 이상한 가게

내가 아닌
다른 사람이 될 수
있을까?

'질문'의 힘! '생각'의 힘!
'미래 인재'로 가는 힘!

어린이와 학부모님들께 《초등 첫 인문철학왕》을 추천할 수 있어서 매우 기쁩니다. 어린이들이 이 시리즈를 통해 '나'에 대해, 나와 공동체 사이의 소통에 대해, 세상의 이치와 진리에 대해 마음껏 질문하고 생각하기를 바라기 때문입니다. 그렇게 되면 창의적으로 문제를 해결하는 힘 또한 커질 수 있다고 믿기 때문이지요.

'제4차 산업혁명의 시대'라는 말처럼 우리는 모든 것이 혁신적으로 변화하는 시대에 살고 있습니다. 스마트폰, 인공 지능, 첨단 로봇 등 새로운 기술과 지식이 나오는 속도도 이전과 비교할 수 없을 정도로 빨라졌지요. 세상에 넘쳐나는 지식과 정보는 이제 누구나 쉽게 구할 수 있고, 개인의 두뇌에 담아낼 수 있는 용량을 넘어선 지 오래입니다. 결국 이 시대의 아이들에게 필요한 것은 지식보다는 그 지식을 다루는 지혜와 창의성 아닐까요?

7차 교육과정 개정 이후 학교 교육도 이러한 시대 흐름에 맞추어 미래 사회가 요구하는 인문학적 상상력과 과학기술 창조력을 두루 갖춘 창의융합형 인재를 양성하는 것을 목표로 합니다.

'철학'은 '지혜를 사랑하는'이란 뜻을 가진 말입니다. 이 학문은 여러분처럼 모든 것에 호기심 많았던 철학자들로부터 시작됩니다. 아주 오래전부터 인간, 사회, 자연, 우주, 진리 등 다양한 분야에서 다른 사람들보다 더 깊이, 더 많이, 그리고 아주 끈질기게 했던 수많은 질문과 탐구를 하며 만들어졌습니다.

마치 높은 곳에 올라가면 마을 전체를 내려다볼 수 있는 넓은 시야를 얻게 되듯이, 철학을 한다는 것은 하나의 문제를 더 큰 눈으로 볼 수 있게 되는 것이랍니다. 그러면 어떤 점이 좋을까요? 더 넓게 보는 눈, 더 깊이 있게 보는 눈, 다른 사람들이 생각하지 못한 부분들을 상상하고 찾아낼 수 있는 눈이 생깁니다. 또 우리 앞의 문제들을 자신만의 창의적인 방법으로 해결할 수도 있고, 그 문제를 해결하다가 다른 더 큰 문제를 발견하여 미리 처리할 수도 있습니다.

《초등 첫 인문철학왕》은 바로 그러한 생각의 눈을 아주 활짝 열어 줄 것입니다. 주제와 관련된 재미있는 동화, 이와 연결된 깊이 있는 인문 해설과 철학 특강, 창의·탐구 활동 등으로 구성된 시리즈는 아이들이 세상에 넘쳐 나는 지식을 지혜롭게 다루는 힘을 길러서, 문제해결력을 갖춘 창의적 인재로 성장할 수 있게 해 줄 것입니다.

그러니 이 책을 읽으며 여러 분야에서 떠오르는 호기심과 질문들을 혼자만 가지고 있지 말고 친구, 가족과도 나누어 보시길 바랍니다. 모두가 질문하고 생각하는 힘이 생긴다면, 어려운 문제들을 함께 해결해 나가는 공동체를 만들 수 있겠지요?

이 책을 읽는 여러분들 모두, 그런 멋진 공동체를 하나둘 만들어 나가는 지혜로운 미래 인재가 되기를 기대합니다.

이지애 드림
(이화여대 철학과 부교수, 한국 철학교육 학회 회장)

초등 첫 인문철학왕
이렇게 활용하세요!

생각 실험

생각 실험은 어떤 사실을 알기 위해 여러 가지 실험과 사례를 연구하는 것이에요. 철학이나 자연 과학 분야 등에서 널리 사용되는 방법이에요. 권마다 주제에 관련된 실험, 유명한 인물의 사례 등을 읽으며 상상력과 문제 해결력을 키워 보세요.

만화 & 동화

인문 철학 주제별로 아이들의 생활 세계 속 이야기, 패러디 동화 등이 다양하게 펼쳐져요. 처음과 중간은 만화, 본문은 그림 동화로 되어 있어서, 재미난 이야기에 푹 빠질 수 있어요.

인문철학왕되기

오랫동안 어린이들과 함께 철학 수업을 연구하고 진행해 온 한국 철학교육연구원 소속 교수와 연구진들이 집필했어요.

소쌤의 철학 특강, 인문 특강, 창의 특강으로 구성되었어요. 주제와 이야기 안에 숨겨진 철학적 문제들에 대해 함께 답을 찾아갈 수 있도록 깊이 있는 토론과 특강, 그리고 재미있는 활동으로 구성되었어요.

난 질문하는 **소크라테스**! 문제를 해결할 수 있도록 도와주지!

난 **뭉치**. 같이 생각하고 토론하지!

난 늘 창의적인 **새롬**이!

난 생각이 깊은 **지혜**!

교과 연계

각 권마다 최신 개정 교과서 단원과 연계되어 교과 학습에 도움이 되도록 구성되었어요. 권별로 확인하세요.

이 책의 차례

추천사 ··· 4

구성과 활용 ··· 6

생각 실험 '나'는 유전자의 결과일까?
자라 온 환경의 결과일까? ······················· 10

만화 어릴 적 모습이 지금 나랑 닮았을까? ············ 20

나는 특별해! ·· 22

- **인문철학왕되기1** '나'는 우주의 중심일까?
- **소쌤의 철학 특강** '자기애'와 '이기심'이란?

나를 바꾸는 가게 ·· 44

- **인문철학왕되기2** 내가 아닌 다른 누가 될 수 있다면?
- **소쌤의 인문 특강** 나는 나로 태어나는 걸까,
  다른 사람에 의해 만들어지는 걸까?

| 만화 | 가짜 '나'가 나타나 '나'라고 우긴다면? | 68 |

진짜 나, 가짜 나 ········· 74
- 인문철학왕되기3 내가 나인 걸 어떻게 알까?
- 소쌤의 창의 특강 다양한 '나'를 표현하는 부캐란?

내 마음속엔 자아가 있어 ········· 98
- 인문철학왕되기4 만일 나라면?
- 창의활동 '나'는 어떤 사람일까?

 **생각 실험**

'나'는 유전자의 결과일까?
자라 온 환경의 결과일까?

일란성 쌍둥이들은 유전자가 대부분 같아요.
당연히 **외모도 같고 체질도 같지요.**
차이가 있다면 **먹은 음식이나**
생활 환경이 다르기 때문일 거예요.

그렇다면, 언제나 함께 지낼 수밖에 없는
몸이 붙어 있는 쌍둥이라면 어떨까요?
그들 사이에도 외모와 성격의 차이가 있을까요?

랄레흐와 라단은 **몸의 일부가 붙은 채로 태어난 아주 희귀한 일란성 쌍둥이**랍니다. 몸만 붙어 있는 것이 아니라 두뇌의 일부도 붙어 있었죠.
이들은 어쩔 수 없이 **삶의 모든 순간을 함께해야 했습니다.**
유전자도 같고 살아온 환경도 같았죠.

하지만 **랄레흐는 조용한 성격으로 말수가 적은 편이고,
라단은 조잘대기를 좋아하는 장난꾸러기**였어요.
둘의 성격은 완전히 달랐답니다.
너무나 다른 성격이었지만, 두 사람은 **테헤란 대학교 법학과를
같이 다니고 졸업**했습니다.

랄레흐와 라단은 하고 싶은 일도 달랐어요.
랄레흐는 도시로 나가 **기자**가 되고 싶었고, 라단은 고향에 남아 **변호사**가 되고 싶었죠.
결국 둘은 각자 자신의 삶을 살고자 **스물아홉 살의 나이에 매우 위험한 분리 수술을 받기로 결정**합니다.

"우리는 붙어 있지만 전혀 다른 두 사람입니다."

랄레흐와 라단이 수술을 받기로 결심한 건, 생활하는 데 불편하거나 남들이 자신들을 이상하게 보기 때문이 아니었어요. 스스로 결정하고 가고 싶은 곳을 갈 수 있는 **자신만의 독립적인 삶을 살고 싶었기 때문**이었죠.

나만의 삶을 살기 위해 위험한 수술을 결심하다니, 대단한걸!

우리는 다른 두 사람입니다.
우리는 자신만의 시간이 필요합니다.

여러분이 랄레흐와 라단처럼 몸이 붙어 있는 쌍둥이라고 상상해 보세요!

서로 다른 '나'가 한 몸에 있다면 내 마음대로 무언가를 하기가 쉽지 않을 거예요. '나'다운 삶을 살고 스스로 결정하는 것은 그만큼 중요한 일이지요. 그렇다면 '나'란 무엇일까요?

내가 하고 싶은 걸 못 한다면 너무 속상할 것 같아.

내 인생은 내가 스스로 결정해!

"내가 다른 사람이 아닌
이유는 무엇일까요?

내가 생각하는 나만의
특성은 무엇일까요?"

'나'란 무엇인지 함께 생각해 볼까?

나는 당연히 이 세상의 주인공이지!

나는 내가 누군지 잘 모르겠어.

# 나는 특별해!

"지아야, 일어나야지."

엄마가 지아 방문을 빼꼼히 열고 말했어요. 더 자고 싶은 마음에 얼굴을 찌푸리던 지아 머릿속으로 한 가지 생각이 떠올랐어요.

'아! 오늘 내 생일이지.'

지아는 침대에서 벌떡 일어나 방 밖으로 나갔어요.

"엄마, 오늘 내 생일……."

엄마는 거실에도 없었고 주방에서도 보이지 않았어요. 대신 동생 방에서 엄마 목소리가

들려왔어요.

"호호호, 우리 이준이가 밤새 더 컸나 보네."

엄마가 이준이를 안고 거실로 나왔어요. 그 모습을 보니 지아는 괜히 심술이 났어요.

"엄마, 오늘은 내 생일이라고오오~!"

지아가 말끝을 길게 늘여 울퉁불퉁한 마음을 표현했어요.

"깜짝이야! 그래, 엄마도 알아."

엄마는 지아 마음을 아는지 모르는지 지아를 빤히 쳐다볼 뿐이었지요. 지아는 입을 꾹 다물고 욕실로 들어가 버렸어요.

지아는 엄마가 너무한다고 생각했어요. 생일날은 생일인 사람이 주인공이니까 모두가 아침부터 밤까지 축하해 주고 챙겨 주며 안아 주어야 한다고 생각했어요. 그리고 보니 지아는 엄마가 이준이를 안고 있는 게 질투가 났던 거예요.

지아가 욕실에서 나오자 엄마가 욕실 앞에서 두 팔을 벌리고 지아를 기다리고 있었어요.

"우리 지아, 생일 정말 축하해."

엄마는 이렇게 말하며 지아를 꼭 안아 주고 볼에 입을 쪽 맞춰 주었어요. 지아는 그제야 기분이 조금 나아지는 것 같았어요.

생일날 아침은 역시 특별했어요.

미역국은 물론이고 지아가 좋아하는 소시지 볶음, 계란찜, 소고기 장조림이 식탁 위에서 지아를 기다리고 있었어요.

"와, 내가 좋아하는 소시지다."

"우리 이준이, 소시지 많이 먹어."

이준이가 포크로 소시지를 콕 집자 엄마가 소시지 접시를 이준이 앞으로 가까이 밀어 주었어요.

"히잉, 나는?"

"우리 지아도 많이 먹어야지."

소시지 접시가 엄마 손에 의해 다시 지아 앞으로 밀려왔어요.

지아는 이준이 앞으로 김치랑 콩나물을 밀어냈어요.

"나는 이거 안 좋아해."

"나도 이거 안 좋아해."

"오늘은 내 생일이잖아. 내 마음대로 하는 날이야."

"쳇! 그런 게 어디 있어?"

그날 아침, 지아와 이준이는 식탁 앞에서 티격태격하며 다투다가 엄마에게 야단을 맞고 말았어요.

"지아야, 그 드레스가 그렇게 마음에 들어?"

"응. 너무 예뻐!"

지아가 엘리베이터 거울 앞에 서서 요리조리 몸을 돌려 보며 말했어요. 생일이라 그런지 오늘은 지아 몸과 마음속이 온통 '특별한 나'로 가득 채워지는 기분이었어요.

'띵동'

엘리베이터가 7층에서 멈추더니 기호와 기호 엄마가 탔어요. 기호는 지아와 같은 유치원을 다녔던 친구예요. 지아는 옷차림에 어울리게 두 손을 공손히 모으고 기호 엄마에게 인사를 했어요. 그러고는 기호를 향해 손을 흔들어 보였어요. 기호가 지아에게 예쁘다고 말해 주기를 바랐지요. 하지만 기호는 지아를 흘깃 쳐다보기만 할 뿐 별다른 말을 하지 않은 채 멀뚱멀뚱 서 있기만 했어요.

"어머, 지아 예쁜 옷 입었네."

기호 엄마가 지아에게 웃으며 말했어요. 지아는 칭찬을 들으니 기분이 좋아졌지요.

"오늘 지아네 반 아이들이랑 생일잔치를 하거든요. 학교 끝나고 요 앞 키즈 카페에 모여서 간단히 하기로 했어요. 마침 오늘이 지아 생일이라 지아가 좋아하는 옷을 입혔어요."

엄마가 조용히 말했어요.

"아이들이 너무 좋아하겠어요."

기호네 엄마는 엘리베이터에서 내리며 지아에게 생일 축하한다고 말해 주었어요.

그러고는 끝이었어요. 기호는 지아의 드레스를 칭찬해 주지 않았어요. 아니, 지아에게 눈길도 주지 않았지요.

학교로 올라가는 길에 만난 친구들도 마찬가지였어요.

"지아야, 안녕!"

지아가 먼저 인사를 건네면 다들 손을 들어 가볍게 인사할 뿐 지

아의 드레스에 대해서는 아무 말도 하지 않았어요.

'내가 드레스를 입었는데 왜 다들 못 본 척하지? 모두 이상해.'

지아가 생각하기에 이상한 건 어른들도 마찬가지였어요.

"안녕하세요?"

지아는 학교 보안관 선생님에게 공손히 인사를 드렸어요.

"그래, 어서 와라."

지아는 보안관 선생님 쪽으로 천천히 다가가며 눈을 맞추려 노력했어요. 보안관 선생님은 평소에도 지아에게 '밝다', '착하다'라며 칭찬을 많이 해 주거든요. 하지만 보안관 선생님은 오늘따라 무척 바빠 보였어요. 지아에게 눈길조차 주지 않았지요. 지아는 하는 수 없이 먼저 말을 걸었어요.

"보안관 선생님, 저 오늘 생일이에요."

"아, 뭐라고?"

"오늘이 제 생일이라고요. 그래서 이 드레스를 입은 거예요."

지아는 보안관 선생님과 눈을 맞추려고 애썼어요. 하지만 보안관 선생님은 엄청 바빠 보였어요. 지아가 아니라 아이들을 살피느라 지아를 바라볼 틈이 없어 보였지요.

"그래, 얼른 교실로 들어가라. 얘들아, 거기서 뛰면 위험해."

지아는 보안관 선생님이 다른 아이들을 향해 뛰어가는 걸 시무룩한 표정으로 바라보았어요.

지아네 반 생일잔치는 엄마들이 준비해요. 한 달에 한 번, 그달에 생일인 친구들이 반 아이들을 모두 초대해서 간식을 먹고 함께 노는 거예요. 생일인 친구뿐 아니라 반 친구들도 모두 기다리는 아주 특별한 날이지요.

지아처럼 5월에 생일이 있는 친구로는 유이랑 하준이가 있었어요. 유이는 지아네 반에서 제일 눈에 띄었어요. 동그랗게 큰 눈이 유난히 반짝거렸지요. 게다가 유이는 친구들에게도 무척 친절했어요. 교실 어디에선가 무슨 문제가 생기면 늘 유이가 제일 먼저 달려갔어요. 속상한 친구를 달래 주는 일도, 친구들 사이에 일어난 다툼을 해결하는 일도 유이가 제일 잘했어요.

보라색 원피스를 입고 긴 머리를 옆으로 묶어 늘어뜨린 유이가 사슴반으로 들어서자 친구들이 유이 곁으로 모여들었어요.

"와! 유이 예쁘다."

"유이 꼭 라푼젤 같다."

지아는 자기도 보라색 드레스를 입을 걸 그랬다는 생각이 들었어요. 엄마가 정성껏 빗겨 준 머리도 마음에 안 들었지요. 오늘따라 하필이면 머리띠로 바짝 밀어낸 고불고불 옆머리가 유난히 거슬렸어요.

바로 그때였어요. 성우가 주머니에서 작은 플라스틱 상자를 꺼내더니 책상 위에 올려 놓았어요. 성우 옆에 앉은 지아가 슬며시 곁눈질로 보니 투명한 플라스틱 안에 든 건 반지였어요. 빨간 하트 보석이 박힌 반지는 정말 예뻤어요.

'아, 성우가 나한테 반지를 줄 건가 봐.'

지아는 성우가 반지를 주면 꼭 고맙다고 인사해야겠다고 마음의 준비를 했어요. 그런데 이상한 일이었어요. 성우는 반지가 든 상자를 한참 동안 만지작거리기만 할 뿐 지아에게 건네지 않았어요. 지아는 성우가 부끄러워서 그럴 거라고 생각하고 먼저 용기를 내기로 했어요.

"그 반지 예쁘다. 나 주려고?"

"아닌데."

성우가 퉁명스럽게 대답하더니 반지를 들고 일어났어요. 그러고는 유이에게 다가갔지요.

"자, 이거 너 가져."

"와!"

유이 주위에 서 있던 친구들이 환호했어요.

"성우야, 고마워."

유이가 수줍게 말하더니 상자 안에서 반지를 꺼냈어요.

"유이야, 손가락에 맞나 한번 끼워 봐."

지아는 친구들에게 둘러싸인 유이가 반지를 꺼내서 손가락에 끼우는 걸 봤어요.

지아는 갑자기 부끄러운 마음이 들었어요. 성우에게 자기 반지냐고 묻는 걸 들은 사람은 다행히 아무도 없는 것 같았지요. 그래도 지아는 그날 학교에서 보내는 내내 민망한 기분이 들었어요.

그날 마지막 수업은 미술 시간이었어요.

"여러분, 우리 오늘 봄 풍경을 꾸며 보기로 했죠?"

"네!"

"선생님이 이렇게 바구니 안에 여러 가지 물건을 골고루 준비했어요. 모둠 테이블 위에 한 바구니씩 올려 줄 거예요. 그럼 이걸 어떻게 해야 할까요?"

"사이좋게 나눠서 써야 해요."

성우가 큰 소리로 씩씩하게 말했어요.

"맞아요. 서로 양보하면서 각자가 생각하는 봄 풍경을 도화지 안에 예쁘게 꾸며 보세요."

선생님은 이렇게 말하며 아이들이 나눠 앉은 동그란 테이블 위에 물건이 든 바구니를 올려 놓았어요. 바구니 안에는 여러 가지 모양의 나뭇잎과 꽃잎, 색색의 실, 색종이, 단추, 색 솜, 천 조각들이 들어 있었어요. 지아네 반 친구들은 바구니에 든 물건들을 이용해서 하얀 도화지 위에 각자가 생각한 봄 풍경을 꾸미기 시작했어요.

지아는 바구니 안에서 재료들을 꺼내 자기 앞에 갖다 놓았어요. 어떻게 꾸며야 할지 몰랐지만, 친구들이 다 쓰기 전에 이것저것

챙겨 놓아야 할 것 같았어요.

친구들이 도화지를 열심히 채워 갈 무렵, 도훈이가 지아에게 물었어요.

"지아야, 너 그거 다 쓸 거야?"

"응. 그런데 왜?"

"나 노란 단추 한 개만 주면 안 돼?"

"이거 나도 필요해. 지금 쓰려고 했어."

지아는 노란 단추를 도화지 위에 얼른 붙였어요.

도훈이가 아쉬운 표정을 짓더니 일어나 다른 친구를 찾아갔어요. 지아는 그런 도훈을 바라보다 이마를 찡긋하며 인상을 썼어요.

'쳇! 내가 먼저 골랐으니까 내 건데.'

미술 시간이 끝나갈 때 선생님은 친구들이 만든 작품을 둘러보며 다니셨어요. 그러고는 앞으로 나가 아이들에게 말씀하셨어요.

"얘들아, 너희들 정말 대단하다. 다들 너무 잘했어."

지아는 선생님의 칭찬이 자신을 두고 하는 말 같았어요. 가까운 친구들을 둘러보아도 지아 것만큼 잘 꾸민 친구들이 없는 듯했어요.

"자, 누가 나와서 자기 작품을 소개해 볼까?"

아이들은 서로 눈치만 볼 뿐 손을 들지 않았어요.

"그럼 우리가 친구를 추천해 보자. '선생님, 저는 누구누구 작품이 궁금해요. 아니면 이 사람이 정말 잘한 거 같아요.' 하고 추천할 사람, 한번 손 들어 볼까?"

선생님 말씀이 끝나기가 무섭게 여기저기서 아이들이 손을 들었어요. 도훈이는 성우 작품을, 성우는 해인이 작품을, 유이는 현우 작품을 추천했어요.

지아는 친구들이 당연히 자신의 작품이 제일 멋지다고 추천해 줄 거라고 생각했어요. 하지만 반 친구 중 절반 이상이 앞으로 나와 작품을 소개하고 난 뒤에도 누구도 지아의 작품을 추천하지 않았어요. 대신 유이가 세준이의 추천을 받아 앞으로 나왔지요.

유이는 친구들에게 자기 작품인 '봄 소풍'에 대해 소개했어요.

"저는 봄에 엄마 아빠랑 소풍 가고 싶은 장소를 꾸몄어요."

유이가 꾸민 건 단추 관람차가 돌아가는 놀이공원이었어요. 관람차 아래에는 꽃동산이 펼쳐졌어요. 꽃동산에는 노란 실로 만든 민들레랑 색종이로 오려 붙인 분홍 진달래, 그리고 하얀 솜으로 만든 예쁜 벚나무가 서 있었지요. 유이 작품은 지아 눈에도 멋져 보였어요.

"쳇! 나도 저렇게 할 수 있어."

지아는 이렇게 중얼거리며 도화지를 뒤집어 덮어 버렸어요. 수업이 모두 끝나고 지아네 반 친구들은 모두 생일잔치가 준비된 키즈 카페로 갔어요.

잔치가 시작되고 친구들이 생일 축하 노래를 불러 주는 내내 지아는 마음속에 먹구름이 잔뜩 들어찬 것 같았어요. 그런 기분은 친구들이 지아 드레스에 대해서는 한마디도 하지 않고 유이 드레스만 예쁘다고 할 때부터, 아니 어쩌면 오늘 아침부터였던 것 같아요.

선생님과 엄마가 동영상과 사진을 엮어서 준비한 지아의 생일 축하 영상도 마음에 들지 않았어요. 특히 얼굴에 아이스크림을 잔

뜩 묻히고 먹는 아기 때 사진이 나오자 친구들이 귀엽다며 웃었지만, 지아는 하나도 귀엽지 않았어요.

'엄마는 왜 하필 저런 사진을 골랐지?'

생일이면 집에서는 늘 지아가 주인공이었는데, 지아는 오늘 생일잔치에서는 분명 주인공이 아니었어요. 선물도 유이 선물이 더 크고 많아 보였어요. 같은 포장지인데 유이 선물이 더 반짝반짝 빛이 나 보였어요.

"쳇! 짜증 나."

풍선에서 바람이 빠지듯 지아 입 밖으로 저도 모르게 푸념이 새어 나왔지요.

'나'는 우주의 중심일까?

생일날 자신이 주인공이 아니라서 지아가 불만이 가득한 것 같아요. 여러분은 지아의 불만에 대해서 어떻게 생각하나요?

생일날 다른 친구가 주인공이라서 속상해 하는 지아 맘은 이해가 가.

지아가 생일이라고 기대가 너무 컸던 것은 아닐까?

생일날 자기가 주인공이 되고 싶은 것은 당연한 거 아니야?

그런가? 지아가 다른 아이들보다 관심을 받고 싶어 하는 게 자연스러운 걸까요, 쌤?

무슨 소리야. 나에게는 내가 제일 소중한 거라고.

그렇지만 생일 파티의 주인공은 지아 혼자가 아니잖아. 유이와 하준이도 주인공이라고.

지혜의 물음에 답하기 위해서 먼저 '나'를 사랑하는 마음인 '자기애'와 자신만을 앞세우는 '이기심'에 대해서 알아볼까?

소쌤의 TIP

자아 개념

자아 개념은 외모, 가족, 잘하는 것, 좋아하는 것 등 여러 면에서 내가 다른 사람과 다르다는 것을 알고 자신에 대해 생각하고 평가하는 과정을 통해서 만들어진단다. 단순히 '나는 다른 사람과 달라.' '나는 특별해.'라는 생각에서 시작해서 점차 나를 객관적으로 보게 되지.

소쌤의 철학특강

'자기애'와 '이기심'이란?

프랑스의 철학자 장 자크 루소는 **자신을 가장 소중히 여기는 마음**, 즉 **'자기애'**가 자연스러운 거라고 말했단다.

이 분이 바로 철학자 장 자크 루소(1712~1778)라고 하지!

먼 옛날 사람들은 다른 사람에게 신경쓰지 않고, 주어진 자연의 열매를 따 먹거나 동물을 사냥하면서 자신의 생명을 지키고 사랑하며 살았어.

세월이 흐르면서 농사짓는 기술과 과학 기술이 발전하자, 사람들이 쓸 수 있는 식량과 물건이 많아졌어. 그러자 사람들은 더 많이 가진 사람과 덜 가진 사람으로 나뉘고 더 많이 갖기 위한 경쟁도 벌어졌어. 그러면서 자신의 재산, 신분, 외모 등을 다른 사람과 비교하고 질투하는 마음이 생겨났지. 이런 마음을 '이기심'이라고 해.

원래는 선한 감정인 자기애가 이기심으로 변하지 않을 때는 자기 자신뿐만 아니라 다른 사람에 대해서도 좋은 감정을 가진단다. '나'를 지키려는 마음이 있으면 위기에 처한 다른 사람을 지키려는 마음을 가질 수도 있지. 그러나 자기애가 이기심으로 변하면 다른 사람이 잘되는 것을 시기하고 불평하게 된단다. 이처럼 자기애와 이기심은 자신의 마음에서부터 구분되는 거란다.

지아가 유이를 질투하는 것은 이기심이라고 할 수 있지.

나를 바꾸는 가게

다음 날 오전, 엄마와 집을 나서며 지아는 신이 났어요. 지아네 아파트 놀이터로 소라가 놀러 오기로 했거든요. 지아가 놀이터에 들어섰을 때 소라가 엄마랑 시소를 타고 있었어요.

"소라야!" 하고 지아는 큰 소리로 소라를 부르며 뛰어갔어요.

지아는 소라와 함께 놀이터 곳곳을 다니며 신나게 뛰어놀았어요. 한참을 놀고 난 뒤 지아와 소라는 엄마들과 함께 간식을 사러 갔어요. 초콜릿과 우유를 사서 사이좋게 나눠 먹고 둘은 상가에 있는 문구점으로 들어갔지요.

"엄마, 우리 펜 하나씩만 사도 돼요?"

지아가 뒤따라오는 엄마를 향해 물었어요.

"그래, 꼭 한 개씩만 사야 해."

사이좋게 놀던 두 친구 사이에서 다툼이 일어난 건 바로 그즈음이었어요. 새로 나온 볼펜을 구경하다가 지아와 소라 눈에 지우개로 지워지는 요술 펜이 들어왔어요.
　"아, 난 연두색!"
　"나도!"
　두 사람은 거의 동시에 하나 남은 연두색 펜을 잡았어요. 빨강, 파랑, 노랑……, 여러 가지 색이 많았는데 하필 연두색은 딱 한 개만 남아 있었지요. 그때부터 두 사람은 연두색 펜을 놓고 자기가 가져야 한다며 고집을 부렸어요. 엄마들이 아무리 이야기해도 둘

중 누구도 양보하지 않았어요. 그 바람에 지아와 소라는 엄마에게 혼나고 더 놀지도 못한 채 헤어져야 했어요.

지아가 소라와 다투는 바람에 점심 먹고 서점에도 들르기로 한 계획은 모두 없던 일이 되어 버렸어요. 엄마는 문구점에서부터 집으로 돌아오는 길에 단 한 번도 지아를 돌아보지 않았어요. 지아가 엄마 뒤를 바짝 붙어 졸졸 따라왔지만 엄마는 그 어느 때보다 성큼성큼 앞서 걸었지요. 지아는 엄마 걸음걸이만 보아도 엄마가 자신에게 무척 화가 났다는 걸 금세 알 수 있었어요.

"송지아! 울지 마."

엄마가 현관문을 닫고 안으로 들어서며 말했어요. 엄마 손에 이끌려 들어온 지아는 천천히 신발을 벗고 엄마 눈치를 슬금슬금 보며 거실로 들어섰어요.

"시끄러워! 얼른 안 그쳐?"

엄마는 화가 단단히 나 보였어요. 지아는 엄마 목소리가 크고 날카롭고 아주 딱딱하게 느껴졌어요.

지아는 화가 난 엄마가 세상에서 제일 무서웠어요. 심장이 콩알만 해지고 온몸이 쪼그라드는 기분이었지요.

지아는 고개를 푹 숙이고 몸을 움츠린 채 서 있었어요.

"엄마, 누나 또 뭐 잘못했어요?"

이준이가 요구르트에 빨대를 꽂고 쪽쪽 빨아 먹으며 물었어요. 지아는 이준이가 얄미워서 최대한 무서운 눈으로 이준이를 흘겨봤어요.

"오늘은 친구들에게 꼭 먼저 양보하기로 엄마랑 약속하고 나간 거 잊었어?"

지아가 눈물을 닦으며 고개를 절레절레 흔들었어요.

"그런데 왜 그렇게 고집을 부렸어?"

"내가 제일 좋아하는 연두색이잖아."

지아가 콧물을 훌쩍이며 말했어요.

"소라도 연두색 좋아한다잖아. 연두색은 너만 좋아하는 게 아니라 누구든 좋아할 수 있는 거야. 그리고 간식 먹으면서 소라가 먼저 하나 남은 초콜릿, 너한테 양보했지?"

지아는 말없이 고개를 끄덕였어요.

"그럼 연두색 볼펜은 네가 좀 소라에게 양보하면 안 돼?"

'내 건데……. 내가 먼저 집었는데…….'

지아는 조금 억울한 마음이 들었어요.

"엄마가 네 마음만 중요하게 생각하면 안 된다고 했지. 친구들도 다 너처럼 똑같은 마음이 있어. 다들 자기 마음만 중요하게 생각하면 같이 어울려서 놀거나 친하게 지낼 수 없어."

지아는 엄마가 하는 말이 하나도 귀에 들어오지 않았어요. 엄마가 자기 마음을 알아주지 못한다고 생각했지요.

'나는 난데. 엄마도, 아빠도, 이준이도, 소라도 아니고, 나한테는 내가 있는데…….'

지아 생각에 엄마 마음속에는 '나'라는 게 없어서 내 마음속에 사는 '나'를 이해하지 못하는 것 같았어요. 내 마음이 내 마음대로 하라고 말해 주는데 엄마가 그걸 몰라주는 게 속상했어요.

그날 오후에 지아는 아이스크림을 사러 아파트 상가에 갔다가 3층 미술 학원에 흘리고 온 머리핀이 생각났어요. 엄마는 다음 주에 가서 찾아오면 된다고 했는데 지아는 하루라도 빨리 머리핀을 하고 싶었어요.

지아는 1층 편의점에서 아이스크림을 산 후 엘리베이터를 타고 3층 미술 학원으로 갔어요. 그런데 미술 학원은 평소와 달랐어요. 문이 닫혀 있었고 안은 캄캄했지요.

'어? 선생님이 없나 봐.'

지아는 미술 학원 앞 의자에 앉아 아이스크림을 먹으며 선생님을 기다렸어요. 한참을 가만히 앉아 있으려니 졸음이 몰려왔지요.

"아하함!"

늘어지게 하품을 하고 저도 모르게 깜빡 잠이 들었는데 누군가 지아 어깨를 살짝 흔들어 깨웠어요.

"얘야, 여기서 잠들면 안 되지."

지아는 잠에서 번뜩 깨어났어요.

"어머나, 아이스크림이 녹아서 이렇게 됐구나."

"선생님?"

지아는 티슈로 옷을 닦아 주는 사람을 미술 학원 선생님이라고 생각했어요. 하지만 가만히 보니 선생님이 아니었어요.

"너 미술 학원 선생님 기다리는구나."

예쁘고 친절한 아줌마는 물티슈를 꺼내 지아의 손과 얼굴에 묻은 아이스크림을 닦아 주었어요. 지아는 끈적거리는 느낌이 사라지자 기분이 한결 좋아졌어요.

"오늘은 미술 학원 선생님 안 오실 거야. 엄마 걱정하시겠다. 얼른 집에 가렴."

아줌마는 이렇게 말하고는 미술 학원 옆 가게 문을 열고 안으로 들어갔어요.

원래 지난주까지 미술 학원 옆 가게는 비어 있었어요. '어느새 다른 주인이 들어온 걸까?' 지아는 어떤 학원인지, 아니면 무엇을 파는 가게인지 궁금했지요.

지아는 의자에서 일어나 아줌마가 들어간 가게 앞으로 갔어요.

나를 바꾸는 가게

가게 문에는 작고 귀여운 글씨로 가게 이름이 적혀 있었어요.

'나를 바꾸는 가게'

지아는 가게 이름이 참 재미있다고 생각했어요.

바로 그때, 지아 눈에 익숙한 사진이 한 장 들어왔어요. 가게 창문에는 여러 장의 사진이 붙어 있었는데, 그중 한 장이 지아가 아는 친구였지요.

"어? 유이다!"

사진 속 유이는 정말 예뻤어요. 지난번 생일잔치 때와 똑같은 보라색 드레스를 입은 유이는 공주처럼 눈이 크고 반짝거렸어요.

지아는 호기심이 생겼어요. 유이 사진이 왜 그 가게 안에 걸려 있는 건지 알고 싶었지요. 지아는 문을 열고 가만히 안으로 들어갔어요.

'짤랑짤랑~' 방울 소리가 맑게 울려 퍼지자 조금 전에 만난 아줌마가 싱긋 웃으며 다가왔어요.

"어서 와. 아직 집에 안 갔구나?"

지아는 고개를 살짝 끄덕이고는 가게 안을 둘러보았어요.

가게는 어른들이 가는 카페 같기도 하고 예쁜 인형이나 소품을 파는 선물 가게 같기도 했어요. 물론 카페라고 하기에는 테이블이 하나밖에 없었고, 선물 가게라고 하기에는 물건이 다양하지 않았지만 말이에요. 특이하게도 아기자기한 액자에 담긴 사진들이 꽤

많았어요.

　처음 보는 사진들이었지만 유이 사진은 한눈에 알아볼 수 있었어요. 아기 때 사진부터 유치원복을 입은 사진, 초등학교 입학식 때 찍은 사진까지…….

사진들을 보다 보니 지아는 궁금한 게 생겼어요.

"저기, 있잖아요."

지아가 작은 목소리로 말했어요.

"그래, 뭔데? 괜찮으니 어서 말해 봐."

아줌마는 정말 친절했어요.

"제 친구 사진이 저기 있거든요. 왜 여기에 사진이 있는지 궁금해서요."

"그래? 그 친구 사진이 여기 있는 이거니?"

아줌마가 유이 사진들을 가리키며 물었어요.

"네, 맞아요."

"아하! 유이가 네 친구구나."

지아는 아줌마 입에서 유이 이름이 나오자 깜짝 놀랐어요. 그리고 조금은 반가운 마음이 들었어요. 낯선 공간에서 낯선 사람과 함께 있는 게 조금 불편했는데, 아줌마도 유이를 안다고 하니 왠지 편안해지는 기분이 들었지요.

"유이를 아세요?"

"그럼. 잘 알지."

지아가 뭐라고 물어봐야 할지 몰라 잠시 망설이자 친절한 아줌

마가 작은 책자를 꺼내 펼쳤어요.

"어디 볼까?"

아줌마는 유이가 언제 태어났는지, 어느 학교에 다니는지, 가족 관계가 어떻게 되는지, 무엇을 좋아하고 무엇을 싫어하는지 이야기해 주었어요.

"와! 맞아요. 유이는 사과를 싫어하고 블루베리를 좋아해요."

"그렇구나."

지아는 진짜 궁금한 게 생각났어요.

"그런데 유이 사진이 왜 여기에 있어요?"

"그건 유이가 자기를 바꾸고 싶어 해서 그래."

"네? 자기를 어떻게 바꿔요?"

"다른 사람이랑 바꾸는 거지. 유이는 유이가 아니라 다른 사람이 되고 싶어 해. 그래서 우리 가게에 등록한 거야."

지아는 갑자기 가슴이 콩닥콩닥 뛰었어요. 유이가 다른 사람이 되고 싶어 한다니, 정말 이상한 일이었지요.

유이는 지아네 학교에서 제일 예쁘고 친구들에게 인기도 많고 그림도 잘 그렸어요. 지아가 부러워하는 점이 많은 친구였지요.

"그럼 저도 등록할 수 있어요?"

지아는 자신도 모르게 불쑥 이런 말이 튀어나왔어요.

"너도 널 다른 사람으로 바꾸고 싶니?"

"네. 어떻게 하면 되는데요?"

"음, 어렵지 않아. 하지만 시간이 좀 걸릴 수도 있어. 네가 바꾸고 싶은 사람이 우리 가게에 있다면 모르지만, 그렇지 않으면 기다려야 해."

"여기 있어요."

"우리 가게에 있다고?"

"네! 유이요."

지아가 유이 사진을 손가락으로 가리키며 말했어요.

지아는 오래전부터 유이가 부러웠어요. 그러다 이번에 생일잔치를 하고 난 뒤에 더욱더 유이가 부러워졌지요.

"음……."

아줌마는 잠시 고민에 빠진 듯 보였어요.

지아는 좋은 기회를 놓치고 싶지 않았어요. 혹시라도 아줌마가 안 된다고 말할까 봐 덜컥 걱정됐어요.

"왜요? 엄마한테 허락을 받고 와야 해요?"

"아니, 그런 건 아니야."

"그럼 돈을 많이 내야 해요? 제 돼지 저금통을 가지고 올 수 있어요. 엄마가 꽤 무겁다고 했거든요."

"호호, 우리 가게는 돈을 받지 않아."

"그럼 제가 어떻게 해야 유이로 바뀔 수 있어요?"

"너를 우리 가게에 등록해야 해."

아줌마는 지아가 유이가 되려면 지아를 가게에 등록해야 한다고 말했어요. 그리고 누군가가 지아를 선택해야 한다고 했지요.

"잘 생각해 보렴. 그렇게 되면 너는 이제 지금까지와는 '다른 나'가 되는 거야."

지아는 잠시 엄마가 떠올랐어요.

자신이 유이가 되면 엄마를 볼 수 없을지도 몰라요. 말썽꾸러기 동생 이준이도, 지아가 제일 좋아하는 아빠도 볼 수 없을지도 몰라요.

"그래도 난 유이가 되고 싶어."

고개를 숙인 지아 입에서 자기도 모르게 혼잣말이 튀어나왔어요.

"꼭 지금 결정할 필요는 없어."

아줌마가 웃으며 말했어요.

"하지만 다른 사람이 유이를 가져가 버리면 안 되잖아요."

지아가 작은 소리로 중얼거렸어요.

"뭐라고? 아줌마가 못 들었어."

"아무것도 아니에요. 저, 결심했어요. 제가 유이를 할래요."

자신감에 찬 지아의 답변에 아줌마가 조금 놀란 표정을 지었어요.

"그래. 그럼 몇 가지 필요한 게 있어."

아줌마는 이렇게 말하고는 컴퓨터를 켰어요.

"네 이름이랑 생일을 말해 줄래?"

지아는 아줌마가 물어보는 것을 천천히 생각해서 정확하게 말했어요.

"그래, 여기 있구나."

아줌마는 컴퓨터에서 지아에 대한 모든 것을 찾아냈어요. 그러

고는 컴퓨터를 프린터 기계와 연결했어요. 그러자 지아에 대한 모든 자료가 차곡차곡 인쇄되어 나와 책처럼 쌓여 갔지요. 정말 신기한 컴퓨터였어요.

아줌마는 지아 사진들을 골라 크고 작은 액자에 넣었어요. 유이 사진을 모아 놓은 것처럼 지아의 사진들도 테이블 한쪽 구석에 옹기종기 자리하고 있었어요.

"자, 이제 사진을 찍을 차례야."

"사진이요?"

"그럼. 유이처럼 너도 우리 가게에 등록하려면 사진이 필요하단다. 저기 거울이 있으니 보고 마음에 드는 표정 연습을 해도 돼."

지아는 거울 앞에 가서 섰어요. 거울 안에는 익숙한 모습의 지아가 서 있었어요.

'휴, 고불고불 곱슬머리는 언제 봐도 맘에 안 들어.'

지아는 유이처럼 눈을 크게 떠 보고 눈을 깜빡거리며 반짝거리는지 살펴보았어요. 억지로 웃는 입도 만들어 보았지요. 아무리 이런저런 표정을 지어 보아도 지아는 자기 모습이 마음에 들지 않

았어요.

"준비 다 됐니?"

"네. 이제 찍어 주세요."

지아는 아줌마가 가리키는 의자에 가서 앉았어요. 엄마를 따라 사진관에 갔을 때 앉았던 의자랑 비슷한 의자였지요.

"카메라는 어디에 있어요?"

"호호, 카메라가 없어도 사진이 찍힌단다."

지아는 아줌마 말이 이해되지 않았어요. 카메라가 없으면 휴대 전화라도 있어야 하지 않을까 생각했지요.

"자, 이제 저 앞에 거울에 비친 '나'를 보면 된단다."

지아는 아줌마 말대로 거울 속 자신의 모습을 뚫어져라 쳐다봤어요.

"하나, 둘, 셋!"

사진관에서 사진을 찍을 때처럼 찰칵 소리가 나지 않았어요. 대신 프린터 기계가 소리를 내면서 지아의 사진을 뱉어 냈어요. 정말 신기하고 놀라운 일이었어요.

"이제 다 됐어. 네가 등록되었으니 이걸 가지고 가면 된단다."

아줌마는 이렇게 말하고는 작은 종이를 내밀었어요.

"이게 뭐예요?"

"네가 여기 등록하고 유이랑 바꾸기로 한 영수증이야."

지아는 영수증을 받아서 입고 있던 옷 주머니 속으로 쏙 밀어 넣었어요.

"그럼 저는 이제 가도 되죠?"

"그래. 엄마가 걱정하시겠다. 조심해서 가렴."

지아는 뭔가 더 궁금한 게 많았는데 그게 뭔지 알 수 없었어요.

가방을 들고 가게를 나오는데 아줌마가 지아 사진을 유리창에 붙이는 게 보였어요. 유리창 밖으로 지아 사진이 지아를 향해 어색하게 웃고 있었어요.

내가 아닌 다른 누가 될 수 있다면?

지아는 왜 자기 자신을 버리고 유이가 되고 싶을까요? 유이가 친구들의 칭찬을 많이 받으니까 부러워서일 거예요. 여러분도 내가 아닌 누군가가 되어 보고 싶나요?

 지혜야, 너도 부러운 사람이 있니?

 나는 운동이나 게임 잘하는 애들이 부럽지.

 뭉치 넌 누가 부럽니?

 똑똑한 애들 보면 부러울 때도 있는데, 그 애들이 열심히 노력한 거니까 나도 열심히 해야겠다고 마음먹게 돼.

 난 지혜 네가 부러운걸. 남들이 너에 대해 뭐라고 해도 기분 상하는 일이 없잖아.

 그야, 사람마다 잘하는 것이 있고 못 하는 것이 있으니까.

 그러니까, 지혜 너는 다른 누가 되고 싶은 적이 없다는 말이구나. 난 그런 너의 자신감이 부럽다!

 누구나 자신에게 만족하지 못할 수는 있지만, 그것 때문에 실망할 필요는 없단다. 우리가 진짜 자기 자신을 사랑하면 다른 사람이 되고 싶어 하는 마음은 사라지지 않을까?

소쌤의 인문 특강
나는 나로 태어나는 걸까, 다른 사람에 의해 만들어지는 걸까?

빅터 세리브리아코프(1912~2000)는 학교에서 늘 아이들의 놀림거리였어. 말을 더듬었거든. 별명도 '바보 빅터'였지. 어느 날 빅터가 뭔가를 만드는 것을 본 레이첼 선생님은 빅터가 발명에 소질이 있다는 것을 발견했어. 하지만 지도 선생님은 빅터의 생활기록부를 보여주며 아이큐(IQ)가 73인 아이가 발명을 할 리 없다고 무시했지.

빅터는 아이들의 괴롭힘 때문에 졸업을 못 하고 아버지가 일하는 정비소를 도왔어. 레이첼 선생님과 같은 반 학생 로라가 빅터를 찾아가자, 빅터는 도로 광고판에 있는 수학 문제 푼 것을 보여 주었지. 알고 보니 수학 문제를 낸 회사의 회장님이 재능 있는 신입 사원을 뽑기 위해 도로 광고판에 아주 어려운 문제를 냈던 거야. 그런데 빅터는 스스로 자격이 없다고 생각해 회사에 들어가는 것을 주저했어. 그러나 레이첼 선생님은 두려워할 것 없다고 자신감을 불어 넣어 주었단다.

"이 세상에 완벽하게 준비된 인간이란 존재하지 않아. 시도하지 않고는 알 수가 없어. 그러니 두려움 따윈 던져 버리고 부딪혀 보렴. 너는 잘할 수 있어. 스스로를 믿어 봐."

1988년 아테네에서 열린 멘사 회의야. 왼쪽 가장자리에 있는 사람이 빅터래.

빅터가 쓴 멘사 퍼즐책이야.

레이첼 선생님의 응원 덕분에 빅터는 회사에 들어가게 되었고, 이후 발명가가 되어 상위 2%의 IQ를 가진 사람들만 회원이 될 수 있는 멘사 협회의 회장이 되었어. 학생 때 빅터의 IQ가 173이었는데 73으로 잘못 적힌 것도 나중에 밝혀졌지. 빅터는 17년간 억울하게 바보 취급을 당했던 거야.

빅터 이야기에서 알 수 있는 것처럼,
재능이 아무리 뛰어난 사람도
자신을 과소평가하면 재능을 펼치지 못한단다.
나를 믿고 인정하는 마음만 있다면
무엇이든 할 수 있지.

나를 믿지 못하면 내 재능을
마음껏 펼칠 수 없단다.

진짜 나, 가짜 나

다음 날 아침이 되었어요.
"유이야, 얼른 일어나라!"
"알았어."
지아는 잠결에 대답을 하고 보니 뭔가 이상하다는 생각이 들었어요.
'엄마 목소리가 이상해. 그리고 나를 유이라고 부른 거 같은데?'
지아는 슬며시 눈을 떠 보았어요. 이상한 건 또 있었어요. 아니, 아주아주 많았어요. 지아는 깜짝 놀라 침대에서 벌떡 일어났어요.

이게 어떻게 된 일일까요? 지아가 일어난 곳은 지아의 방이 아니었어요. 침대도, 이불도, 옷장도, 책상도 완전히 처음 보는 낯선 방이었어요. 책장에 꽂힌 책들도 지아 책이 아니었지요.

"엄마아아아!"

지아는 울먹거리며 엄마를 불렀어요.

"유이야, 왜 그래?"

방문을 열고 지아를 들여다본 건 처음 보는, 그러니까 지아보다 조금 더 큰 언니였어요.

"너 설마 침대에 오줌 쌌어? 크크크."

지아는 너무 무서워서 순간 얼음처럼 몸이 굳었어요. 언니가 뭐라고 하는지 하나도 귀에 들어오지 않았지요. 입안에서는 '누구세요?'란 말이 맴돌았지만 차마 입 밖으로 낼 수 없었어요.

"김유이, 니 얼른 안 씻고 뭐 하나?"

방으로 들어온 유이 엄마는 지아를 유이라고 불렀어요.

지아는 얼른 벽에 붙은 거울 앞으로 달려가서 거울에 비친 자기 모습을 들여다보았어요.

"으악!"

"왜? 왜 아침부터 고래고래 소리를 지르나 참말로!"

유이 엄마는 커튼을 젖히고 창문을 활짝 열더니 지아 등짝을 떠밀어 욕실로 밀어 넣었어요.

아무도 없는 욕실, 거울 앞에 서니 지아 머릿속으로 어제 있었던 일이 떠올랐어요.

'내가 정말 유이가 된 건가 봐.'

지아는 거울에 비친 유이 얼굴을, 아니 자기 얼굴을 만져 보았어요. 커진 눈, 오뚝한 코, 무엇보다 찰랑대는 머릿결이 무척 마음에 들었어요.

지아는 가슴이 두근대기 시작했어요. 기분이 좋은 건지, 어떤 건지 모르지만 풍선처럼 몸이 붕 떠오르는 기분, 마음이 부풀어 오르는 기분이 들었지요.

"김유이! 애가 오늘따라 왜 이리 꾸물거리노!"

"네, 엄마. 지금 씻고 나갈게요."

지아는 최대한 예의 바르고 예쁜 목소리로 대답하고 세수를 했어요. 그러고는 칫솔질을 하려고 하는데 네 개의 칫솔 중 아니, 어린이용 칫솔 두 개 중 어떤 게 유이 건지 알 수가 없었어요.

지아는 조금 망설이다 욕실 문을 열고 주방으로 가서 칫솔 두 개를 들고 물었어요.

"엄마, 죄송한데 어떤 칫솔이 제 칫솔이에요?"

"너 지금 뭐라는 거니? 매일 쓰는 네 칫솔이 뭔지 모른다고?"

유이 엄마는 기가 막힌 표정을 지으며 지아에게 되물었어요.

유이가 된 지아의 첫 아침은 이렇게 시작부터 엉망진창이었어요.

욕실에서 씻고 나온 지아는 유이 가족이 있는 주방의 식탁 앞에 앉았어요. 그런데 조금 있으니 이상하게 팔이 접히는 부분이 가려웠어요. 지아가 양팔을 긁자 금세 빨갛게 상처가 올라왔어요.

"유이야 니, 약 안 발랐나?"

엄마가 이맛살을 찌푸리며 물었어요.

"무슨 약이요?"

"아토피 때문에 아침마다 씻고 물기 닦고 바르는 연고 말이다."

"어? 제가 아토피가 있어요?"

지아가 말을 마치기가 무섭게 주방 분위기가 차갑게 식어 버렸어요. 엄마와 아빠 그리고 유이 언니는 지아를 마치 외계에서 온 생명체를 보듯 뚫어져라 쳐다보았어요. 지아는 어색한 미소를 지어 보이며 얼른 욕실로 뛰어 들어갔어요. 그러고는 욕실 장을 열

고 엄마가 말한 연고를 찾아냈어요. 지아는 마른 수건으로 물기를 말끔히 닦아 내고 연고를 짜서 정성스레 발랐어요.

'에휴, 유이가 아토피가 있는 줄 몰랐네.'

욕실에서 나와 다시 식탁 앞에 앉았어요. 지아 앞에는 흰 우유랑 식빵, 블루베리 잼이 놓여 있었는데, 지아가 모두 좋아하지 않는 것들이었어요. 게다가 우유는 지아가 소화를 시키지 못해 잘 먹지 않는 음식이었어요.

"유이야, 얼른 먹어라."

아빠 말에 지아는 곤란한 표정을 지으며 우유와 빵을 쳐다보기만 했어요. 그러다 용기를 내서 말했지요.

"아침 안 먹어도 되죠? 지금 배가 별로 안 고파서요."

그때 마침 지아 뱃속에서 꼬르륵 소리가 났어요. 유이 엄마와 아빠는 지아를 이상한 눈빛으로 쳐다보았어요.

지아는 할 수 없이 엄마 아빠 눈치를 보며 우유와 빵을 억지로 조금 먹었어요.

아침을 대충 먹고 난 뒤 방에 들어간 지아가 옷을 갈아입으려고 옷장 문을 열었어요.

"와! 라푼젤 원피스다!"

지아는 반가운 마음에 보라색 원피스를 꺼내 입었어요.

"너 또 그 옷 입게? 엄마, 유이 또 그 원피스 입었어."

유이 언니가 엄마를 부르며 말했어요.

"유이야, 니 오늘 정말 왜 그러는데? 그 원피스 더러워져서 세탁소 맡겨야 한다고 했잖아. 어젯밤에 말했는데 잊어버렸나?"

"아…… 오늘 한 번만 더 입고 맡기면 안 돼요?"

지아는 유이 엄마에게 겨우 허락을 받고 라푼젤 원피스를 입었어요.

지아가 유이로 바뀌는 바람에 생긴 문제는 학교 교실에서도 이어졌어요. 교실에 들어가자 지아는 자연스럽게 늘 쓰던 고리에 신발주머니를 걸고 늘 앉던 자리로 가서 앉았어요.

"유이야, 너 왜 여기 앉아 있어?"

성우가 유이 옆에 앉으며 말했어요.

"아! 깜빡했다."

지아는 얼른 가방을 챙겨서 유이 자리로 가서 앉았어요.

그런데 그때, 교실 밖에서 웅성거리는 소리가 들려오더니 아주 익숙한 목소리가 울려 퍼졌어요.

"야! 내 신발장에 신발 넣은 사람, 누구야?"

그 목소리의 주인공은 바로 지아였어요. 지아의 눈앞에서 지금껏 상상도 하지 못했던 일이 벌어지고 있었어요. 지아는 자신이 유이가 되는 걸 상상해 보았지만 누군가가 지아 자신이 될 수도 있다는 것은 상상도 하지 못했지요. 그런데 어제까지의 자신과 똑같이 생긴 사람이 나타나서 자신처럼 행동하고 있었어요.

"선생님, 누가 제 신발장을 허락도 없이 막 썼어요."

가짜 지아가 선생님에게 가서 이르는 걸 보고 지아는 얼른 일어나 교실 밖으로 나갔어요.

"미안해. 내가 다른 생각을 하다가 실수로 그랬어."

지아는 얼른 신발을 꺼내서 유이 이름이 적힌 고리에 걸었어요.

"지아야, 유이가 실수로 그랬대. 괜찮지?"

선생님이 가짜 지아에게 말했어요. 가짜 지아는 인심을 쓰듯 고개를 두어 번 끄덕여 보이고는 교실 안으로 들어갔어요.

지아는 그날 종일 뒤죽박죽, 박죽뒤죽이 된 생활을 했어요. 선생님과 친구들이 지아 이름을 부르면 저도 모르게 돌아보고 대답하곤 했어요. 화장실에 가서 거울을 들여다보면 예쁘지만

낯설기만 한, 다른 사람이 서 있었어요.
그림 그리기 시간에는 아무리 실력을 발휘해도 진짜 유이처럼 멋진 그림이 그려지지 않았어요.
 "히잉, 가려워."
 지아는 수업 시간에도 옷소매를 걷어 올리고 팔이 접히는 부분을 계속 긁어댔어요. 너무 가려워서 참을 수 없었지요. 반나절도 지나지 않았는데 유이로 사는 것은 생각만큼 좋지만은 않았어요.
 그런데 지아의 눈에 가짜 지아는 달랐어요. 왜 그런지 가짜 지아는 예전 진짜 지아, 그러니까 자기처럼 똑같이 행동했어요.

지아는 가짜 지아를 온종일 유심히 관찰했어요.

가짜 지아는 실내화를 구겨 신는 것도, 콩을 골라내고 밥을 먹는 것도, 점심시간에 우유를 먹지 않는 것도 진짜 지아처럼 똑같이 자연스러웠어요. 그림을 그리고 나서 자기 이름을 뒷면 맨 위 왼쪽 구석에 개미처럼 작게 쓰는 버릇도 똑같았어요.

지아는 이상하게 억울한 기분이 들었어요.

"유이야, 너 오늘 왜 그래? 어디 아파?"

하교 준비를 하는 시간에 해인이가 지아에게 다가와 물었어요.

"왜?"

"오늘 종일 말도 거의 안 하고 같이 놀지도 않고, 평소의 너랑 좀 달라서."

지아는 뭐라고 답해야 할지 망설였어요. 유이처럼 보이려면 어떻게 해야 하는지, 그리고 꼭 그렇게 해야 하는지 알 수 없었지요.

하교 시간에 지아는 가짜 지아에게 다가가 말을 걸었어요.

"너 혹시 어제까지는 유이였어?"

"뭐라고? 그게 무슨 말이야?"

가짜 지아가 이해할 수 없는 표정을 지으며 물었어요.

"너는 원래 지아가 아니라 유이였냐고."

"내가 너였냐고?"

"응."

가짜 지아는 한동안 말없이 지아를 쳐다보기만 했어요.

"아, 아니, 그냥 장난으로 해 본 말이야."

지아는 풀이 죽어서 조용히 중얼거렸어요.

그런데 바로 그때였어요.

"유이야, 너 오늘 나랑 우리 집에 갈 수 있어?"

가짜 지아가 유이, 그러니까 진짜 지아에게 이렇게 물었어요. 지아는 가짜 지아의 말이 너무나 반가웠어요.

"너희 집? 진짜로 내가 가도 돼?"

"당연하지."

"그럼 집에 가서 엄마한테 허락받고 바로 갈게."

지아는 정말 신이 났어요. 그렇지 않아도 엄마가 보고 싶고, 동생 이준이도 잘 있는지 궁금했는데 정말 다행이었어요.

지아와 유이는 학교 앞 횡단보도를 함께 건넜어요. 거기서부터는 유이와 지아가 가는 방향이 서로 달랐어요.

지아가 가짜 지아에게 손을 흔들고 집으로 뛰어가려는데 가짜 지아가 큰 소리로 유이를 불렀어요.

"유이야! 너, 우리 집이 어딘지 알아?"

"응, 나 알아. 이따가 꼭 갈게."

지아는 손을 흔들고 나서 유이네 집을 향해 신나게 뛰어갔어요.

지아가 유이 엄마에게 허락을 받는 일은 어렵지 않았어요. 대신 유이 엄마는 지아네 집까지 데려다주기로 했어요.

"엄마 말 잊지 않았지? 오늘 해야 할 숙제가 엄청 많아."

"알겠어요."

"수학 문제집도 풀어야 하고 영어책도 읽어야 해. 알고 있지?"

지아는 유이가 이렇게 바쁘게 사는지 몰랐어요. 학교를 마치고 집에 오자마자 유이 엄마는 그날 해야 할 숙제를 빼곡하게 적어 놓았지요. 그걸 보자니 지아는 진짜 유이로 살아 보기도 전에 기운이 빠지는 것 같았어요.

유이로 살면 행복하기만 할 것 같았는데, 꼭 그렇지만은 않았어요. 생각보다 불편한 일들이 많았지요. 못 먹는 음식도 먹어야 했고 아토피로 가려운 팔에는 온종일 손이 갔어요.

지아는 가짜 지아를 따라 원래 자기 집에 들어갔어요. 엄마를 보고는 너무 반가워서 눈물이 날 뻔했지요.

"어머! 유이야, 어서 와. 아줌마가 간식 준비해 줄게. 우리 지아랑 재미있게 놀아라."

"이준이는 집에 없어요? 이준이는 어디에 갔어요?"

지아가 집 안을 둘러보며 물었어요.

"이준이, 우리 아빠랑 공룡 장난감 사러 갔어. 걔 공룡을 엄청 좋아하거든."

"나도 알아."

가짜 지아의 대답에 지아가 퉁명스럽게 받아쳤어요. 이준이는 지아 동생인데, 그래서 지아가 이준이에 대해 훨씬 잘 아는데 가짜 지아가 이준이에 대해 아는 척하는 게 듣기 싫었어요.

"유이야, 내 방에 가서 놀래?"

"그래."

지아는 이렇게 말하고는 가짜 지아보다 먼저 앞장서서 원래 자기 방으로 들어갔어요. 지아는 자기 물건이 가득한 방 안에 들어서니 갑자기 기분이 가라앉고 우울해졌어요.

가짜 지아는 방에서 자연스럽게 행동했어요. 책을 꺼냈다 제자리에 넣을 때도, 장난감을 꺼낼 때도 원래 자기가 거기에 둔 것처럼 보였어요. 지아는 유이네 집이 낯설기만 했는데, 가짜 지아는 지아 방이 원래부터 자기 방인 것처럼 자연스러웠어요.

"애들아, 이것 좀 먹고 놀아. 우리 지아가 유이는 블루베리를 좋아한다고 해서 아줌마가 나가서 블루베리 사 왔다. 유이는 우유 잘 먹는다면서? 우리 지아는 우유를 소화 못 시키거든. 우유랑 주스 있으니까 유이가 좋아하는 거 먹으렴."

지아 엄마는 이렇게 말하고는 간식이 담긴 쟁반을 놓고 밖으로 나갔어요. 지아는 블루베리를 하나 집어서 입안에 넣었어요.

'내가 진짜 지아인데……. 엄마는 그것도 모르고.'

지아는 눈물이 쏟아지려고 하는 걸 꾹 참고 우유갑에 빨대를 꽂아 쭉 들이켰어요. 블루베리는 달고 우유는 고소했지만, 왠지 하나도 맛이 없었어요. 바로 그때 의자에 걸쳐 놓은 옷이 지아의 눈에 들어왔어요. 가짜 지아가 옷을 갈아입고 의자에 걸쳐 둔 거예요. 옷 주머니 밖으로 작은 종잇조각이 삐죽이 튀어나와 있었지요.

'아, 저건 어제 내가 받은 영수증?'

지아는 가만히 손을 뻗어서 주머니에 있는 종이를 빼냈어요. 그러고는 얼른 자기 가방 안으로 밀어 넣었지요. 다행히 가짜 지아는 눈치 채지 못한 것 같았어요.

"유이야, 나랑 내 앨범 볼래?"

"네 앨범? 그게 어디에 있는데?"

지아가 퉁명스럽게 물었어요.

"여기 이 박스 안에 다 들어 있어."

가짜 지아가 지아의 커다란 보물 상자를 밀고 왔어요. 지아의 가장 소중한 물건들이 가득 담긴 상자였지요.

"이 안에 내 모든 게 들어 있어. 내 보물 상자거든. 어릴 적 내 사진이랑 어린이집에서 내가 그린 그림이랑 친구들한테 받은 선물, 아! 이건 우리 할머니가 써 준 편지다."

가짜 지아가 파란색 봉투에 든 편지를 꺼내며 말했어요.

"아니야, 그거 우리 할머니가 써 준 거야."

지아는 자기도 모르게 이렇게 말해 버렸어요. 지아는 그 편지에 할머니가 뭐라고 써 주셨는지도 다 기억했어요.

"여긴 우리 집이고 이건 내 방이라고. 내가 진짜 송지아야. 이건 내 보물 상자고, 다 내 사진이고, 내가 그린 그림이랑, 이건 우리 할머니가 나한테 준 편지……. 으아아앙~"

지아는 꾹꾹 참아 왔던 울음이 터져 버렸어요.

"유이야, 너 왜 그래?"

가짜 지아는 안절부절못하고 난처한 표정을 지었어요.

"유이야, 왜 울어? 지아가 또 뭐 잘못했니?"

지아 엄마가 방문을 열고 들어왔어요.

"그건 아니에요."

지아는 엄마에게 겨우 인사를 하고 집 밖으로 나왔어요. 그러고는 상가를 향해 뛰어갔지요. 지아는 엘리베이터를 타고 3층에 내려서 잰걸음으로 미술 학원 옆 '나를 바꾸는 가게'를 찾아 보았어요. 그런데 어쩐 일인지 그런 가게는 보이지 않았어요. 지아는 3층을 몇 번이나 돌고 또 돌아보며 구석구석 찾아다녔어요. 혹시나 하는 마음에 건물 전체를 샅샅이 뒤지고 다녔지요. 하지만 어제 지아가 보았던 가게는 상가 어디에도 없었어요. 지아는 다시 엘리베이터를 타고 3층에서 내렸어요.

"으아아앙!"

지아는 엘리베이터에서 내리기 무섭게 자기도 모르게 울음이 터져 나왔어요. 지아가 울며 미술 학원 쪽으로 걸어가는데 눈물이 그렁그렁 맺힌 눈에 낯익은 가게가 들어왔어요.

'어? 이상하다. 아까는 분명 없었는데…….'

지아는 가게가 사라질까 두려워 얼른 가게 앞으로 다가갔어요.

다행히 가게 안에는 환하게 불이 켜져 있었어요. 지아는 얼른 문을 열고 안으로 들어갔어요.

"아줌마, 죄송한데 저 다시 돌아가고 싶어요."

지아가 아줌마 앞에 영수증을 내밀며 말했어요.

"아, 너는 유이가 된 지아! 그래, 네 이름이 지아 맞지?"

"네, 맞아요. 저 유이 안 하고 다시 송지아 하고 싶어요."

지아는 정말 그랬어요. 유이가 된 지 만 하루도 지나지 않았지만, 다시 원래의 자신으로 돌아가고 싶었지요.

"그래? 음, 정말 그렇게 해도 괜찮겠니?"

아줌마는 지아와 눈높이를 맞춘 채 앉아서 다시 물었어요.

"네. 저는 꼭 나로, 그러니까 송지아로 살고 싶어요."

지아의 두 눈에서 그렁그렁한 눈물 방울이 똑똑 떨어져 내렸어요.

인문철학 왕 되기

내가 나인 걸 어떻게 알까?

내가 나라는 것을 말해 줄 수 있는 것은 무엇일까요?

지아가 유이로 바뀐 후 아침에 유이로 눈을 뜨게 되잖아. 그런데 그 아이가 유이가 아니라 지아인 것을 어떻게 알지?

겉모습만 유이지 생각하는 것이나 입맛, 취향은 모두 지아잖아. 생각이나 성격, 입맛이 지아라면 겉모습이 유이더라도 지아가 맞아.

지아네에 있는 지아도 진짜 지아잖아! 자신의 보물 상자가 어디에 있는지도 알고, 그 안에 무엇이 있는지도 다 알고 말이야.

몸은 계속 변하잖아. 우리가 막 태어났을 때와 지금을 비교하면 누가 누구인지 아무도 모를 거야.

서로 의견이 다르구나. 내가 나인 것이 나의 몸 때문인지 내 생각 때문인지 궁금한 거지? 과연 무엇을 '나'라고 할 것인가에 대해서 좀 더 생각해 볼까?

소쌤의 TIP

아기들에게 거울을 보여 주면 처음에는 거울 속에 비친 사람이 자신이라는 것을 알지 못한단다. 하지만 두 돌 무렵의 영아들은 거울에 비친 사람의 얼굴에 무언가가 묻었다면 그걸 떼기 위해 거울이 아닌 자신의 얼굴을 만지게 되지. 거울에 비친 사람이 자신이라는 것을 알게 된 거야. 더 자라서 서너 살이 되면 아이들은 '나는', '내가'라는 표현을 자연스럽게 써서 자신을 나타낸단다.

소쌤의 창의특강

다양한 '나'를 표현하는 부캐란?

부캐는 원래 게임에서 사용하던 용어야. 온라인 게임에서 내가 사용하는 게임 캐릭터 외에 게임 머니를 벌거나 이벤트에 참여하기 위해 추가로 만든 다른 캐릭터를 '부 캐릭터'라고 하는데, 이를 줄여서 부르는 말이지. 그런데 **'부캐'라는 말이 '평소 내 모습이 아닌 새로운 모습을 보여 줄 때'를 가리키는 말로 일상에서 많이 사용되고 있어.**

다양한 '나'를 갖고 싶어 하는 우리의 욕망을 '부캐'에서 엿볼 수 있어. 로블록스나 네이버 제페토 같은 게임에서 사용하는 '아바타'도 나를 표현할 때 쓰는 캐릭터라고 할 수 있지. **우리는 게임과 같은 다양한 공간에서 '부캐'나 '아바타'를 통해 자유롭고 다양한 방법으로 또 다른 나를 만들고 표현할 수 있게 되었어.** 여러분이 부캐를 만든다면 몇 개를 만들고 싶니? 그 부캐들은 어떤 성격을 지녔을까?

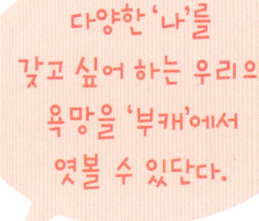

나는 부캐가 엄청 많아! 축구 잘하는 나도 있고, 게임 왕인 나도 있고, 또······.

다양한 '나'를 갖고 싶어 하는 우리의 욕망을 '부캐'에서 엿볼 수 있단다.

나만의 부캐를 만들어 보아요!

내 마음속엔 자아가 있어

"지아야, 지아야. 울지 마."

지아를 달래는 목소리가 들려왔어요. 지아는 '나를 바꾸는 가게' 아줌마일 거라 생각했어요.

"지아야, 괜찮아. 엄마가 안아 줄게."

엄마? 커다란 울음소리에 섞여 잘 듣지 못했지만, 지아는 분명 엄마란 소리를 들은 것 같았어요. 지아는 울음소리를 낮추고 귀를 쫑긋 세웠어요.

"우리 지아, 무서운 꿈을 꿨나 보구나."

낯익은 목소리의 주인공이 지아를 꼭 안아 주자 따뜻한 기운이 온몸을 감싸고 돌았어요.

"엄마?"

"응, 엄마야. 도대체 무슨 꿈을 꿨길래 그렇게 서럽게 우는 거야?"

지아가 눈을 떠 보니 희미한 스탠드 불빛 아래 엄마가 지아를 꼭 안고 있는 게 보였어요.

"나 유이 아니고 지아 맞아?"

지아가 엄마 눈을 바라보며 물었어요. 엄마는 지아가 무슨 말을 하는지 알 수 없었어요.

지아는 엄마가 곁에 있다는 사실만으로 너무 행복했어요. 지아가 재빨리 방을 둘러보자, 방 안에는 익숙한 물건들이 가득 차 있었어요.

지아는 그제야 진짜로 마음이 놓였어요. 그동안 자신에게 일어난 일이 그저 꿈일 뿐이라는 게 너무 행복했어요.

"엄마, 내 보물 상자 잘 있겠지?"

"그럼."

"할머니 편지도 그 안에 잘 있겠지?"

"당연하지. 이제 다시 자자. 엄마가 지아 잠들 때까지 옆에 있어

줄게."

지아는 무서운 귀신의 집을 홀로 헤매다 겨우 탈출해 엄마 품에 안긴 기분이었어요.

엄마는 그날 밤 지아가 다시 편안하게 잠들 때까지 지아 곁에 있어 주었어요.

다음 날 아침, 지아는 엄마가 깨우는 소리에 반짝 눈이 떠졌어요. 엄마가 지아 이름을 불러 주는 게 너무 행복했지요. 지아는 단번에 일어나서 침대를 정리하고 욕실로 가서 이를 닦았어요.

'내 칫솔은 곰돌이 칫솔, 내가 좋아하는 딸기 치약, 내 비누는 사과 향 비누.'

지아는 자신이 늘 사용하는 익숙한 물건들이 있는 욕실이 좋았어요.

"이준아, 누나가 세수시켜 줄까?"

이준이는 난데없이 친절해진 누나가 이상한지 다가가지 않고 쳐다만 보았어요. 지아는 이준이 손을 잡고 욕실로 데리고 들어갔어요. 칫솔에 치약을 짜 주고 목에 수건을 둘러 주었지요. 세수를 마치고 난 뒤에는 로션도 발라 주었어요.

엄마 아빠는 그런 지아를 신기해하며 흐뭇한 표정으로 바라보았

어요.

아침 식사 시간에 지아는 소시지 볶음을 이준이 숟가락에 올려주고 매콤한 김치도 맛있게 먹었어요.

"엄마, 이제 나도 컸으니까 김치도 맛있게 먹어 볼게요."

"우리 지아가 이제 멋진 누나가 다 되었네."

아빠가 미소를 지으며 말했어요.

그날은 학교에서 1학년 아이들이 야외 체험 학습을 떠나는 날이었어요.

지아와 친구들은 교실에 도착한 뒤에 차례차례 줄을 서서 버스에 올랐어요. 지아는 유이랑 짝꿍이 되어 같이 앉게 되었지요.

"지아야, 너는 멀미 안 해?"

유이가 등에 멘 가방을 의자 아래 내려놓으며 물었어요.

"나? 응. 안 해."

"혹시 멀미할 거 같으면 나한테 말해. 내가 목 뒤에 붙이는 스티커 하나 줄게."

유이가 주머니 안에서 멀미 패치 약을 꺼내 흔들어 보였어요.

"응. 유이야, 고마워."

지아는 유이랑 같이 앉아서 가는 게 좋았어요. 그러고 보니 그동안 유이랑 이야기를 나눠 본 적이 별로 없었지요.

유이는 무척 친절했고 지아의 말에 잘 웃어 주었어요.

"우리 언니가 친구랑 나눠 먹으라고 초콜릿 두 개 챙겨 줬어. 자, 너 한 개 먹어."

유이가 지아 손에 초콜릿을 하나 올려 주었어요.

"고마워. 이거 내 동생이 진짜 좋아하는 초콜릿인데."

"정말? 그럼 동생 가져다줘도 돼."

"아니야. 내가 먹을래. 우리 동생은 초콜릿 먹고 이가 다 썩었어. 이가 다 빠지면 할아버지처럼 틀니를 해야 할지도 몰라."

지아가 일부러 익살스러운 표정을 지어 보였어요.

"하하하하, 말도 안 돼. 아이가 어떻게 틀니를 해?"

유이가 소리를 내서 크게 웃으니 지아도 기분이 덩달아 좋아졌어요.

"이제 아이 아니야. 요즘 얼마나 고집이 세졌는데?"

지아가 고개를 절레절레 흔들었어요.

"우리 엄마가 고집이 세지는 건 자아가 생겨서 그러는 거래."

유이가 말했어요.

"자아?"

"응. 마음속에 나라는 의식이 생기고 자기만의 생각이 더 확실해지는 거래."

지아는 유이가 말하는 자아라는 게 뭔지 알 것 같았어요.

"유이야, 그럼 너도 자아가 있어?"

"당연하지. 너는 없어?"

"있는 거 같아. 엄마가 나한테 맨날 그러거든. 고집부리지 말고 친구한테 양보하라고."

"히히, 우리 엄마도 그러는데."

지아는 유이랑 이야기하며 서로 생각과 마음이 잘 통하는 것 같아 기분이 좋았어요.

지아와 유이는 체험 학습장에 도착한 뒤에도 손을 꼭 잡고 함께 다녔어요.

지아네 반 친구들은 처음으로 '요술거울집'에 들어갔어요.

"와! 이것 좀 봐."

유이가 오목 거울 앞에 가서 서자 유이의 몸이 키다리 아저씨보다 더 길어졌어요.

"하하하! 유이야, 너 거인 같아."

이번에는 지아가 볼록 거울 앞으로 다가갔어요.

"어머나! 유이야, 나 좀 봐."

"지아야, 너는 백설 공주에 나오는 난쟁이 같아."

"으윽, 난 백설 공주 하고 싶은데."

지아가 얼굴을 찌푸리며 말했어요.

지아와 유이는 거울 종류에 따라 자신들의 모습이 마음대로 요술처럼 바뀌는 게 재미있었어요.

　우유를 싫어하는 지아, 블루베리를 좋아하는 유이처럼 난쟁이처럼 작아진 지아, 거인처럼 길어진 유이도 지아와 유이의 또 다른 재미난 모습 같았어요.

　선생님은 아이들이 신나게 체험하는 모습을 열심히 카메라에 담았어요.

　두 번째로 체험한 곳은 '마녀의 집'이었어요.

　마녀의 집은 천장이 바닥으로, 바닥이 천장으로 바뀌어 있었지

요. 침대는 벽에 붙어 있었고 식탁은 공중에 대롱대롱 매달려 있었어요.

지아와 유이는 마녀 옷으로 갈아입고 마녀 모자도 써 봤어요, 다른 친구들과 함께 동물 옷을 입고 동물 탈을 썼을 땐 누가 누군지 알아보기 힘들었지요.

선생님은 그런 아이들이 재미있어서 활동 사진을 더 많이 찍었어요.

학교로 돌아오는 차 안에서 지아와 유이는 어찌나 피곤했던지 깊은 잠에 빠져들었어요.

지아는 집으로 돌아온 뒤에도 한시도 쉬지 않고 체험 활동 중에 있었던 일을 엄마에게 이야기해 주었어요.

"유이랑 같이 앉아서 너무 좋았어!"

"그래? 유이랑 무슨 이야기를 했는데?"

지아는 유이랑 차를 타고 가는 동안 나눈 이야기를 엄마에게 해 주었어요.

"참! 이준이 이야기도 했어."

"이준이?"

누나가 자기 이름을 부르자 블록을 갖고 놀던 이준이가 엄마와 누나를 빤히 쳐다봤어요.

"응, 이준이가 고집이 세지는 게 자아가 생겨서 그러는 거래."

"하하하, 유이가 그렇게 말해?"

"응. 엄마, 그런데 유이도 나처럼 자아가 있대."

지아가 정말 신기한 걸 발견한 듯 말했어요.

"당연히 있지."

"그럼 엄마도 있어?"

"당연하지. 사람은 누구나 자아가 있어. 모두 마음속에 '나'라는 존재가 있고 내 생각, 내가 좋아하는 거, 내가 입고 싶은 거, 내가 원하는 거, 원하지 않는 거, 그런 걸 제일 중요하게 생각해."

지아는 엄마 말을 들으며 가만히 고개를 끄덕였어요.

그때 엄마 전화에서 휴대 전화 알림음이 울렸어요.

"어? 선생님이 오늘 너희들이 체험 활동한 사진을 올리셨대."

엄마가 휴대 전화로 무언가를 확인하더니 지아네 반 모임 방에 들어가며 말했어요.

"정말?"

"응, 엄마랑 같이 보자."

지아와 엄마는 체험 활동 중에 찍은 사진들을 살펴보았어요.

"이렇게 동물 옷을 입고 있으니 누가 누군지 하나도 못 알아보겠다."

엄마가 동물 탈을 뒤집어쓴 아이들 사진을 가리키며 말했어요.

"에이, 난 다 알아볼 수 있는데."

"정말? 어떻게?"

"엄마, 잘 봐. 내가 설명해 줄게."

지아는 이렇게 말하더니 동물 탈을 쓴 친구들을 하나하나 짚어 가며 엄마에게 이야기해 주었어요.

사진 속에서 성우는 사자 옷을 입고 있었고 여우는 해인이인 게 분명했어요. 그 앞에는 얼룩말 탈을 쓴 자신이 서 있었고, 판다 탈을 쓴 유이가 바로 옆에 있었지요. 형준이도 지아는 금방 알아볼 수 있었어요.

"어떻게 그렇게 잘 알아?"

엄마가 감탄한 목소리로 지아에게 물었어요.

"우리 반 애들이니까 알지. 형준이는 우리 반에서 키가 제일 크고, 성우는 사진 찍을 때마다 만세를 부르거든. 봐봐, 여기 사자가 만세를 부르고 있잖아."

엄마는 지아가 정말 대단하다고 생각했어요.

지아는 친구들의 특징을 잘 알고 있었어요. 유이는 두 손으로 브이 자를 그리는 게 특징이었고 해인이는 사진 찍을 때마다 꼭 두 팔로 하트를 만들었지요.

"그리고 보니 우리 지아가 사진 찍을 때 보이는 특징도 있다."

엄마가 중요한 게 생각났다는 듯 손뼉을 치며 말했어요.

"그게 뭔데?"

"여기, 그리고 여기 또, 여기랑 이 사진도 봐."

엄마는 지아에게 네 장의 사진 속 지아의 모습을 보여 줬어요.

"으음, 난 잘 모르겠는데?"

"찬찬히 살펴봐."

지아는 사진 속 자신의 모습을 보고 또 살펴보았어요. 그러다 공통적으로 나타나는 특징이 하나 눈에 들어왔어요. 모든 사진 속에서 지아가 고개를 삐딱하게 오른쪽으로 기울이고 있는 게 보였지요.

"하하하, 내가 사진만 찍으면 자동으로 머리가 이렇게 되네."

지아가 고개를 오른쪽으로 기울이며 엄마를 향해 활짝 웃어 보였어요.

엄마가 보기에 지아는 요 며칠 사이에 생각과 마음이 부쩍 자란 것 같았어요. 이제 친구들에게 양보하라고 자꾸만 주의를 주지 않아도 알아서 잘할 거란 믿음이 생겼지요.

그날 저녁, 지아와 엄마는 한참 동안 사진을 보고 깔깔거리며 즐겁고 행복한 하루를 마무리했답니다.

만일 나라면?

내가 나인 것을 무엇으로 입증할 수 있을까?

똑같이 생긴 일란성 쌍둥이의 경우 몸이 똑같다고 해서 같은 사람이 아니라는 것은 알겠어요.

그렇지만 생각이 같다고 같은 사람인 것도 아니에요! 점심때 똑같이 짜장면을 먹고 싶다고 해서 같은 사람은 아니잖아요. 더구나 생각이 같은 경우가 몸이 같은 경우보다 훨씬 많아요.

내가 나라는 것을 말해 줄 수 있는 것은 무엇인지, 다른 친구들의 생각을 들어 보고, 그 이유를 짐작해서 써 보렴.

나를 나로 만들어 주는 것은 나의 몸이라고 생각해!

왜냐하면

나를 나로 만들어 주는 것은 나의 생각이라고 생각해!

왜냐하면

나를 나로 만들어 주는 것은 나의 몸과 생각 둘 다라고 생각해! 왜냐하면

'나'는 어떤 사람일까?

거울 속에 '나'의 모습을 그려 보고, '나'는 어떤 사람인지 써 보세요.

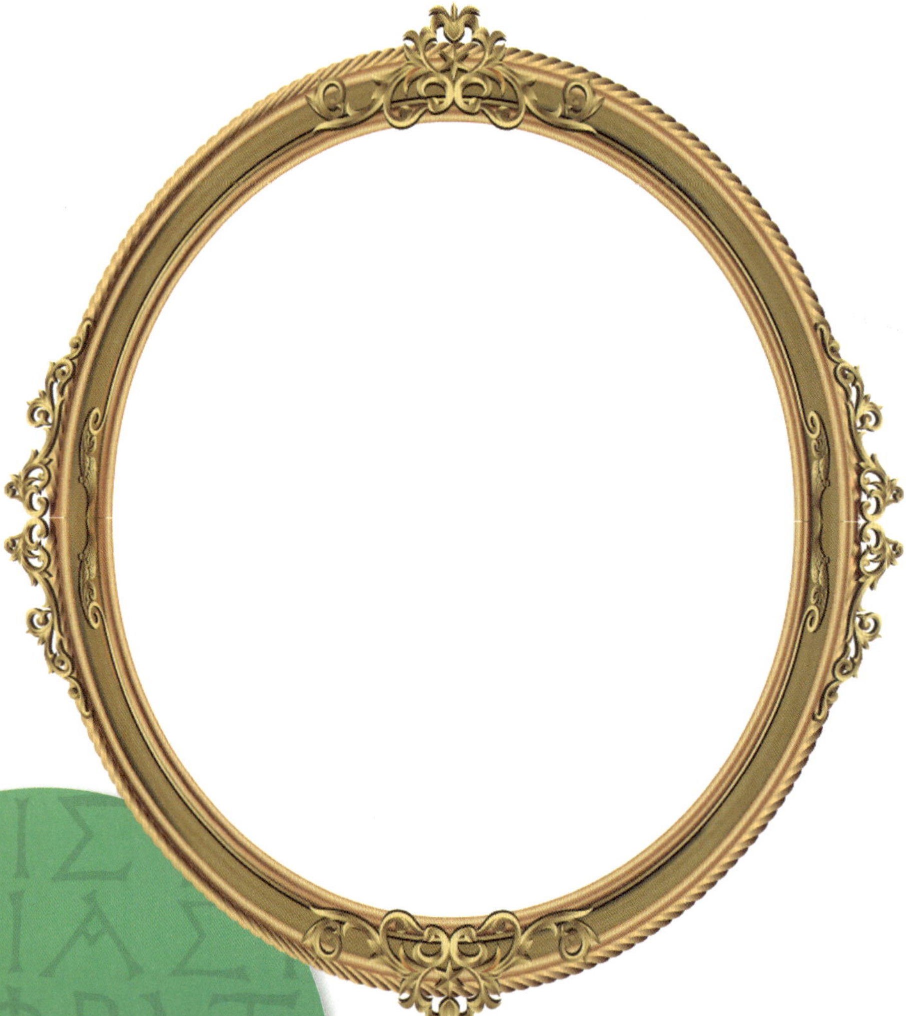

200만 부 판매 돌파!

이제 AI시대 미래 토론

✓ 뭉치북스가 만든 국내 최초 토론책! ✓ 초등 국어
✓ 한국디베이트협회와 교

- 01 함께 사는 로봇
- 02 원시인도 모르는 공룡
- 03 더 멀리 더 높이 더 빨리 스포츠 과학
- 04 까만 우주 속 작은 별
- 05 노벨도 깜짝 놀란 노벨상
- 06 지켜라! 멸종 위기의 동식물
- 07 도로시의 과학 수사대
- 08 살아 있는 백두산
- 09 콜록콜록! 오늘의 황사 뉴스
- 10 앗! 이런 발명가, 와! 저런 발명품
- 11 아낄수록 밝아지는 에너지
- 12 과학 Cook! 문화 Cook! 음식의 세계
- 13 과학을 훔친 수상한 영화관
- 14 끝없이 진화하는 무서운 전염병
- 15 지구 온난화와 탄소배출권
- 16 먹을까? 말까? 먹거리 X파일
- 17 우리 몸을 흐르는 피와 혈액형
- 18 진짜? 가짜? 가상현실과 증강현실
- 19 두근두근 신비한 우리 몸속 탐험
- 20 우리를 위협하는 자연재해
- 21 봄? 가을? 경계가 모호해지는 사계절
- 22 세균과 바이러스 꼼짝 마! 약과 백신
- 23 생태계의 파괴자? 외래 동식물
- 24 콸콸콸~ STOP!!! 우리나라도 위험해요, 소중한 물
- 25 오늘도 나쁨! 작아서 더 무서운 미세먼지
- 26 식량 위기에서 인류를 구할 미래 식량
- 27 썩지 않는 플라스틱! 지구와 인간을 병들게 하는 환경 호르몬
- 28 나와 똑같은 또 다른 나, 인간 복제
- 29 미래의 디지털 첨단 의료
- 30 땅속 보물을 찾아라! 지하자원과 희토류
- 31 농심일부터 우주 탐사까지, 미래는 드론 시대
- 32 알쏭달쏭 미지의 세계, 뇌
- 33 얼마나 작아질까? 어디까지 발달할까? 나노 기술과 첨단 세계
- 34 찾아라! 생명체가 살 수 있는 또 다른 별, 제2의 지구
- 35 배울수록 더 강해지는 인공 지능
- 36 창조론이냐? 진화론이냐?
- 37 다른이 들려주는 진짜진짜 진화론
- 38 모두모두 소중한 생명! 멈춰요 동물 실험
- 39 유해할까? 유용할까? 생활 속 화학 물질
- 40 46억 년의 비밀, 생명을 살리는 지구
- 41 과학자가 가져야 할 덕목, 과학자 윤리와 책임

수학이 쉬워지고, 명작보다 재미있는
뭉치수학왕

100만 부 판매 돌파!

"인공지능(AI) 시대의 힘은 수학에서 나온다!"

개념 수학

〈수와 연산〉
1. 양치기 소년은 연산을 못한대
2. 견우와 직녀가 분수 때문에 싸웠대
3. 가우스, 동화 나라의 사라진 0을 찾아라
4. 가우스는 소수 대결로 마녀들을 물리쳤어
5. 앨런, 분수와 소수로 악당 히들러를 쫓아내라
6. 약수와 배수로 유령 선장을 이긴 15소년

〈도형〉
7. 헨젤과 그레텔은 도형이 너무 어려워
8. 오일러와 피노키오는 도형 춤 대회 1등을 했어
9. 오일러, 오즈의 입체도형 마법사를 찾아라
10. 유클리드, 플라톤의 진리를 찾아 도형 왕국을 구하라
11. 입체도형으로 수학왕이 된 앨리스

〈측정〉
12. 쉿! 신데렐라는 시계를 못 본대

13. 알쏭달쏭 알라딘은 단위가 헷갈려
14. 야르키는 어림하기로 걸리버 아저씨를 구했어
15. 원주율로 떠나는 오디세우스의 수학 모험

〈규칙성〉
16. 떡장수 할머니와 호랑이는 구구단을 몰라
17. 페르마, 수리수리 규칙을 찾아라
18. 피보나치, 수를 배열해 비밀의 방을 탈출하라
19. 비례배분으로 보물섬을 발견한 해적 실버

〈자료와 가능성〉
20. 아기 염소는 경우의 수로 늑대를 이겼어
21. 파스칼은 통계 정리로 나쁜 왕을 혼내 줬어
22. 로미오와 줄리엣이 첫눈에 반할 확률은?

〈문장제〉
23. 개념 수학-백점 맞는 수학 문장제①
24. 개념 수학-백점 맞는 수학 문장제②
25. 개념 수학-백점 맞는 수학 문장제③

융합 수학
26. 쌍둥이 건물 속 대칭축을 찾아라(건축)
27. 열차와 배에서 배수와 약수를 찾아라(교통)
28. 스포츠 속 황금 각도를 찾아라(스포츠)
29. 옷과 음식에도 단위의 비밀이 있다고?(음식과 패션)
30. 꽃잎의 개수에 담긴 수열의 비밀(자연)

창의 사고 수학
31. 퍼즐탐정 썰렁홈즈①-외계인 스콜피오스의 음모
32. 퍼즐탐정 썰렁홈즈②-315일간의 우주여행
33. 퍼즐탐정 썰렁홈즈③-뒤죽박죽 백설 공주 구출 작전
34. 퍼즐탐정 썰렁홈즈④-'지지리 마란드라' 방학 숙제 대작전
35. 퍼즐탐정 썰렁홈즈⑤-수학자 '더하길 모테'와 한판 승부
36. 퍼즐탐정 썰렁홈즈⑥-설국열차 기관사 '어려도 달리능기라'
37. 퍼즐탐정 썰렁홈즈⑦-해설 및 정답

수학 개념 사전
38. 수학 개념 사전①-수와 연산
39. 수학 개념 사전②-도형
40. 수학 개념 사전③-측정·규칙성·자료와 가능성

독후 활동지

본책 40권+독후 활동지 7권
정가 580,000원